MACH MIT!

Schülerbuch 2

EUROPEAN LANGUAGE INSTITUTE

P.O. Box 6 - Recanati - Italy

Druck: Tecnostampa - Italy

MACH MIT!
Schülerbuch 2

Einheit 1	Kennt ihr uns noch?	4
Einheit 2	Der erste Schultag	10
Einheit 3	Ein Spiel	16
Einheit 4	Die Hausaufgaben	22
Einheit 5	Petra kocht	30
Einheit 6	Abwaschen	38
Einheit 7	Eine neue Garage	46
Einheit 8	Fenster putzen	52
Einheit 9	Verlaufen!	58
Einheit 10	Ein Dieb	66
Einheit 11	Am Meer	72
Einheit 12	Weihnachten	80

Einheit 1
Kennt ihr uns noch?

Ich heiße Michael.

Ich heiße Foxi.

Ich heiße Petra.

Und wie heißt du?

Klebe hier dein Foto ein!

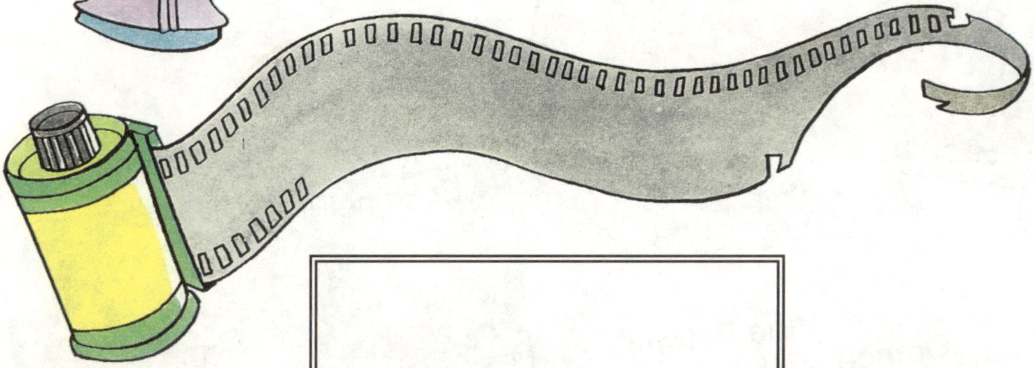

FOTO

Name ....

Zuname ....

Alter ....

Adresse ....

Telefonnummer ....

Michaels Fotoalbum

Es ist morgen.
Michael schläft noch, aber Foxi will in den Park gehen.

Arme Petra! Der Orangensaft ist zu heiß.

Michael hat Geburtstag. Im Garten gibt es ein Fest.

Im Garten gibt es eine große Tierschau.
Wer gewinnt den ersten Preis?

Armer Michael!
Der Sonnentanz funktioniert nicht.

Na so was! Wo ist Foxi?

Suchwortspiel

F	U	E	N	F	Z	E	H	N	B	H	N	S
D	J	K	E	U	I	F	U	E	N	F	E	E
R	Z	E	U	S	I	E	B	E	N	B	U	C
E	W	I	N	N	A	C	H	T	T	Z	N	H
I	O	N	Z	D	R	E	I	N	V	W	V	Z
Z	E	S	E	A	V	K	J	H	R	A	I	E
E	L	H	H	U	I	Z	E	H	N	N	E	H
H	F	G	N	D	E	K	L	S	B	Z	R	N
N	G	E	D	F	R	L	M	E	E	I	Z	Y
A	C	H	T	Z	E	H	N	C	L	G	E	N
J	K	Z	W	E	I	N	J	H	F	J	H	R
S	I	E	B	Z	E	H	N	S	N	G	N	K

Ringel, ringel, Reihe

Ringel, ringel, Reihe,
sind der Kinder dreie,
sitzen auf dem Hollerbusch,
schreien alle
“Husch, husch, husch!”

Einheit 2
Der erste Schultag

Hä?
Was?
Heute keine Schule! Die Schule beginnt am 26. September!

Ja, das stimmt!
Ganz sicher!
Wirklich?

HINWEIS: DIE SCHULE BEGINNT AM 26 SEPTEMBER

So viele Zahlen!

zwanzig

einundzwanzig

zweiundzwanzig

dreiundzwanzig

vierundzwanzig

fünfundzwanzig

sechsundzwanzig

siebenundzwanzig

achtundzwanzig

neunundzwanzig

dreißig

vierzig

fünfzig

sechzig

siebzig

achtzig

neunzig

hundert

Wie spät ist es?

Male die Stellen mit dem Punkt an!

1 →

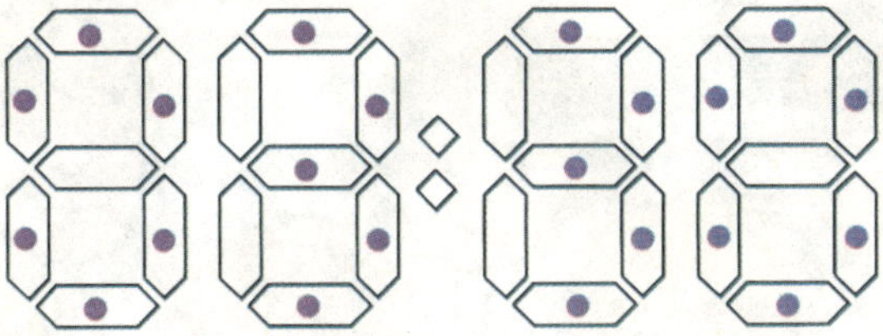

2 →

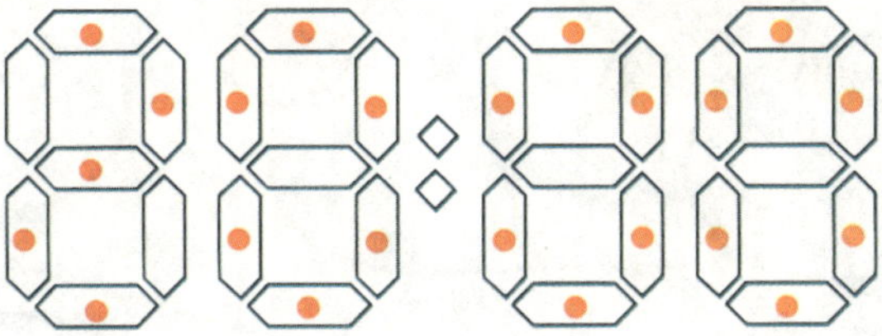

3 →

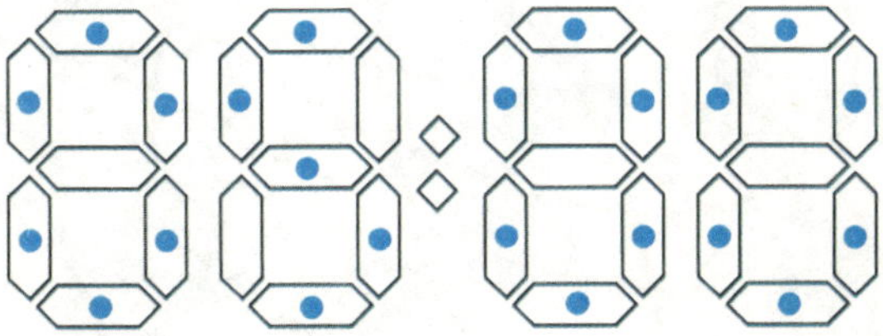

4 →

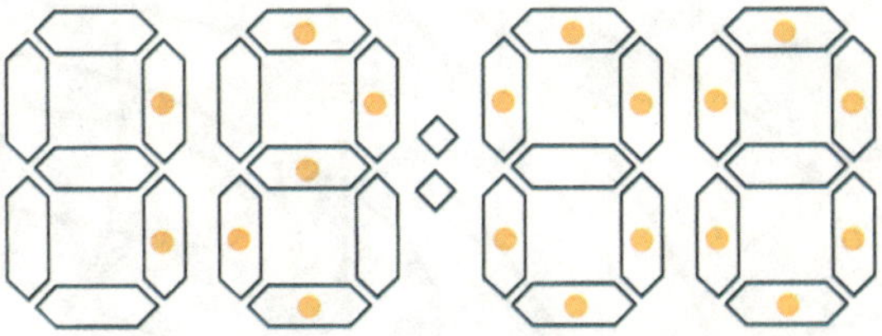

5 →

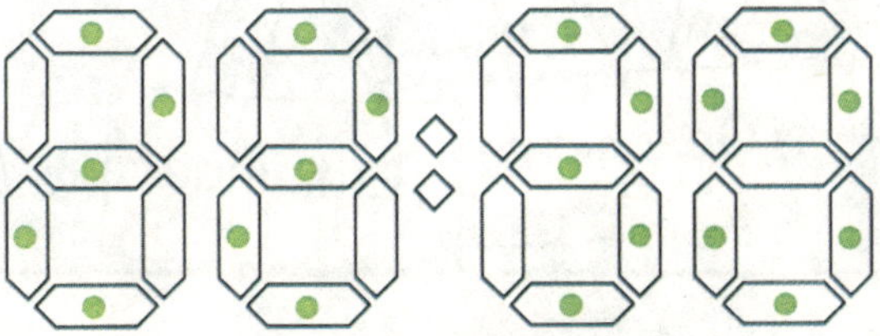

Schau auf deine Uhr! Wie spät ist es?

6 →

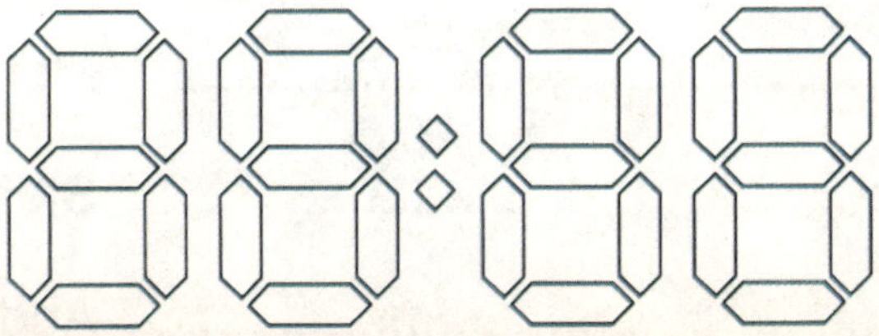

Welches ist ihr Lieblingsfach?

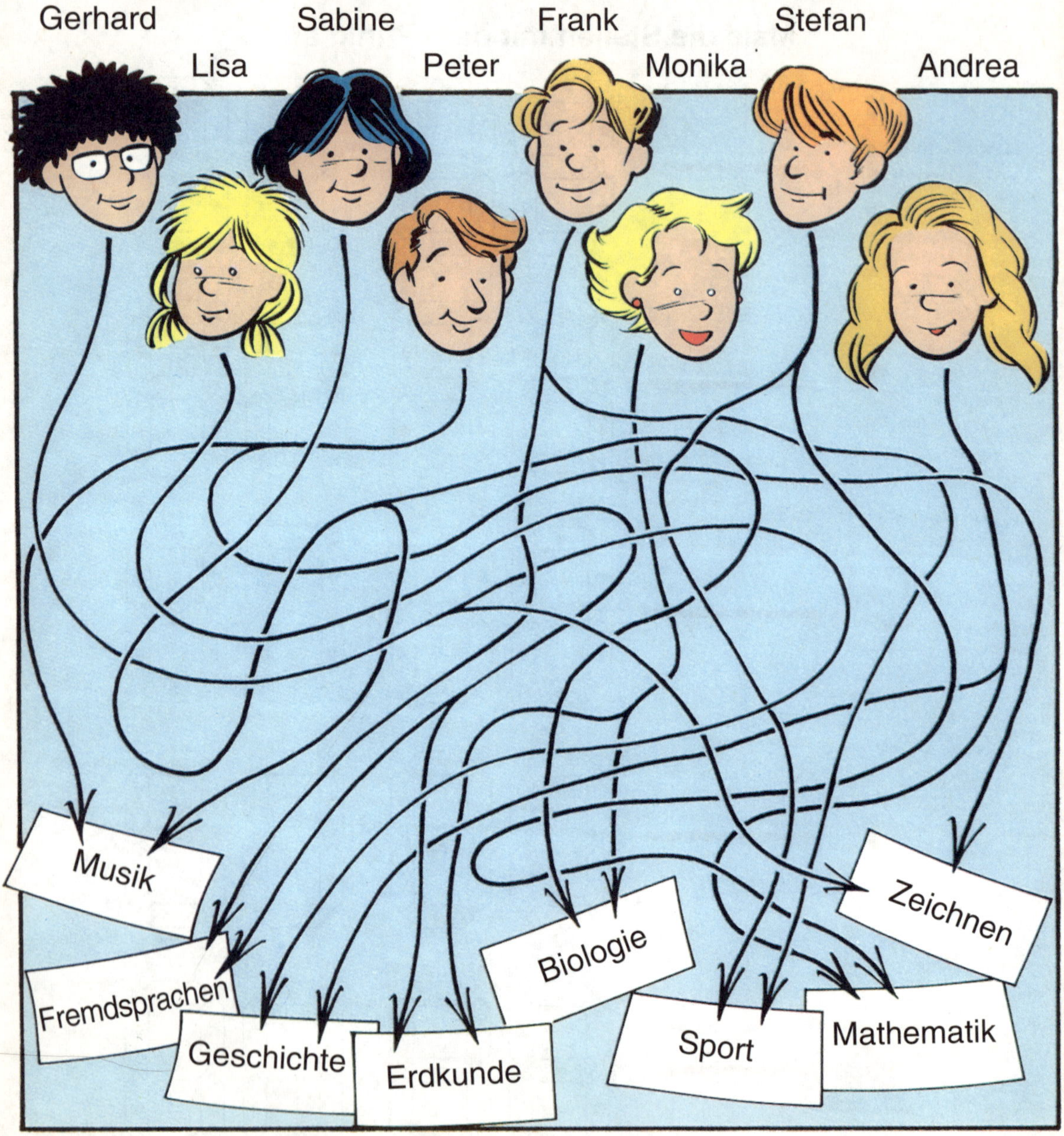

Gerhard .... Frank ....

Lisa .... Monika ....

Sabine .... Stefan ....

Peter .... Andrea ....

Wir machen einen Behälter für den Schreibtisch!

Du brauchst:

So geht es:

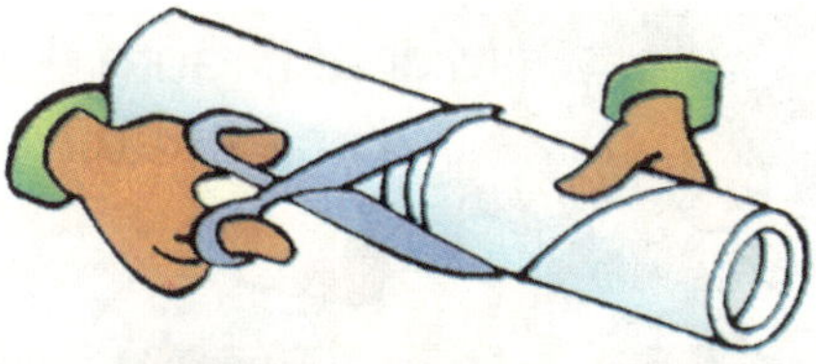

Der Behälter ist fertig.
Ist er nicht schön?

Einheit 3
Ein Spiel

Grün.
Mein Ball!
Blau.
Mein Skateboard...
Rot.
Mein Auto...
Später...
Gelb.
Mein Buch!
Jetzt ist das Zimmer aufgeräumt!

Antworte!

Lies die Geschichte noch einmal
und beantworte die Fragen!

1. Ist Michaels Zimmer aufgeräumt?

   ....

2. Was macht Michael?

   ....

3. Was sagt Petra?

   ....

4. Wo ist Foxi?

   ....

5. Welche Farbe hat der Stift?

   ....

6. Welche Farbe hat der Ball?

   ....

7. Welche Farbe hat das Skateboard?

   ....

8. Welche Farbe hat das Auto?

   ....

9. Welche Farbe hat das Buch?

   ....

10. Wie ist das Zimmer am Ende?

   ....

Welche Farbe haben die Dinge in deinem Klassenzimmer?

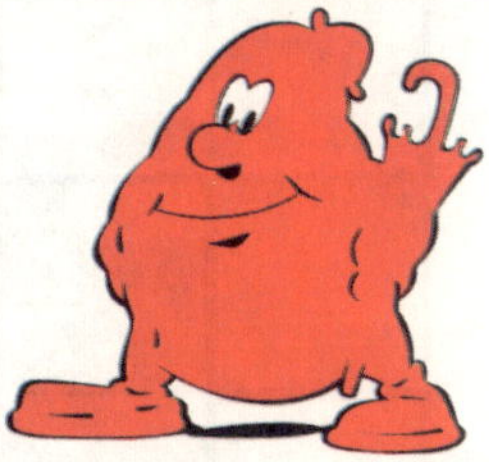

Der Satz im Puzzle

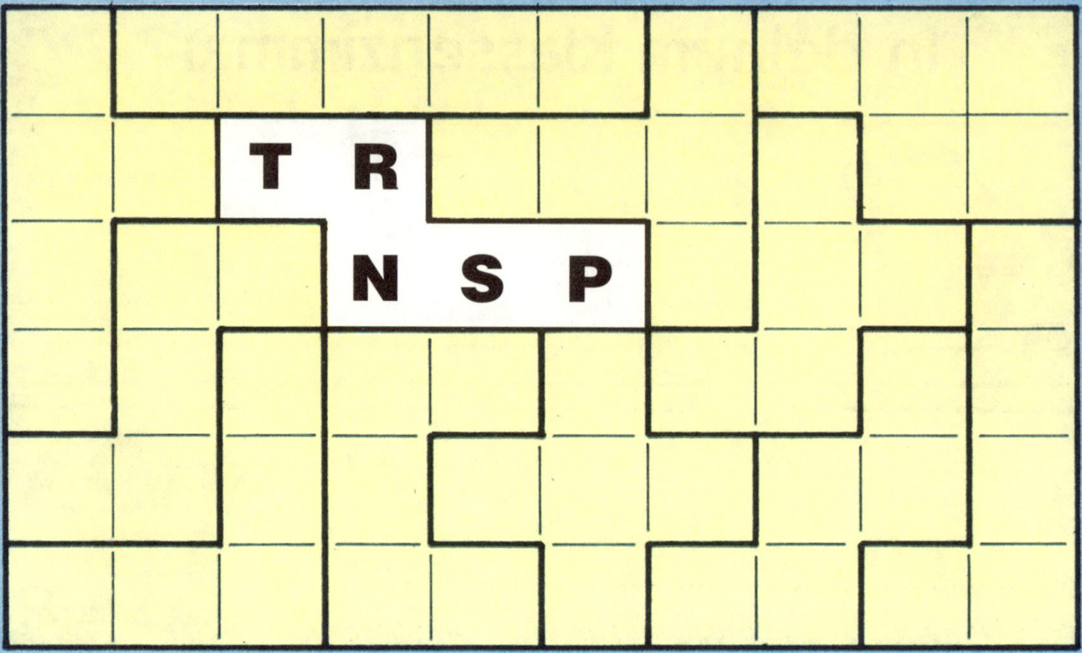

Wir machen einen Rahmen!

Du brauchst:

So geht es:

Der Rahmen ist fertig.
Ist er nicht schön?

Einheit 4
Die Hausaufgaben

Die Vögel fliegen...
... die Fische schwimmen...
... die Hamster spielen!
Hmmm, ich hab' eine Idee!
Abends...
FFFF...
Aber Mami, ich mache meine Hausaufgaben!

Und jetzt findet heraus, ob:

1. der Papagei fliegt

....

2. der Affe spielt

....

3. der Löwe schläft

....

4. das Nilpferd läuft

....

5. die Giraffe schläft

....

6. die Schlange trinkt

....

7. der Elefant schläft

....

8. das Krokodil schwimmt

....

9. der Seehund spielt

....

10. der Vogel Strauß fliegt

....

11. der Tiger läuft

....

Wo wohnen sie?

Was machen die Tiere?

Afrika: ....
Australien: ....
Südamerika: ....
Indien: ....
Arktis: ....

Hallo Freunde! Folgt den Spuren und findet den Namen des Tiers!

1 ....

2 ....

3 ....

Welches Tier ist das?

1. ....

4. ....

2. ....

5. ....

3. ....

6. ....

Safari-Quiz

Welches Tier ist das?

1. Es ist grau und sehr groß.
Es ist gerne im Wasser.

....

2. Er ist der König der Tiere. Er frißt andere Tiere und lebt in Afrika.

....

3. Es hat einen sehr langen Hals und sehr lange Beine. Es frißt Blätter und lebt in Afrika.

....

4. Es ist grau und sehr groß. Es hat eine lange Nase und große Ohren. Es lebt in Afrika und Indien.

....

5. Er ist der größte Vogel. Aber er kann nicht fliegen.

....

Wir machen eine Schlange!

Du brauchst:

So geht es:

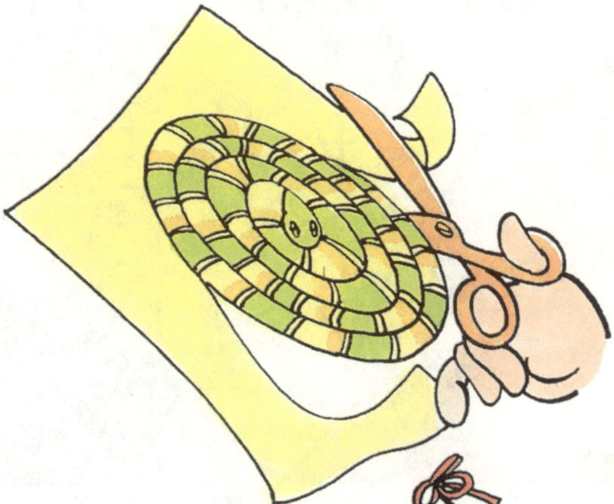

Die Schlange ist fertig.
Ist sie nicht schön?

Einheit 5
Petra kocht

Hier sind Eier, Milch und Äpfel...
Wo ist der Zucker?
Es ist fertig.
Möchtest du probieren, Foxi?
Nein, Michael. Das ist für dich!
Foxi mag es nicht!

A - 5	M - 12
C - 8	N - 6
E - 3	T - 18
H - 10	R - 11
I - 15	U - 1
J - 4	W - 2
K - 7	Z - 9

In der Küche

Was machen die Mädchen?

Wo ist der Hund?

Sind die Orangen auf dem Tisch?

Sind die Kirschen auf dem Tisch?

Ist die Küche ordentlich?

Ist der Hund unter dem Tisch?

Was ist auf dem Tisch?

Was brauchst du für einen Kuchen?

der Apfel,
die Äpfel

der Pfirsich,
die Pfirsiche

die Kirsch
die Kirsch

die Banane,
die Bananen

das Mehl

die Birne,
die Birnen

e Orange,
e Orangen

die Traube,
die Trauben

die Zitrone,
die Zitronen

das Ei,
die Eier

Essen oder Trinken?

Essen:

....

....

....

....

Trinken:

....

....

....

....

❑ Milch ❑ Birne

❑ Kuchen

❑ Tee

❑ Banane ❑ Kaffee

❑ Orangensaft ❑ Pommes frites

Zerteilte Sätze:

1 Martina einen macht 

2 Niklas  trinkt

3 Kühlschrank Im ist 

4  Magst du ?

5 Ich keine mag 

6 sind  Tisch auf dem Die ?

7 Der Hund keine  mag

Hmmm..
ich bin hungrig.
Was esse ich?
Male die Stellen an
und finde es heraus!
Und ich esse...

Backe, backe, Kuchen

Backe, backe, Kuchen,
der Bäcker hat gerufen:
Wer will guten Kuchen backen,
der muß haben sieben Sachen:
Eier und Schmalz, Butter und Salz,
Milch und Mehl, Safran macht den Kuchen gehl.
Husch, husch, ins Ofenloch!

Einheit 6
Abwaschen

Der Kuchen ist klein. Sicher gibt es nicht viele Teller!
Gut, Petra, wir können nachher abwaschen!
Oh, danke, Jungs! Also, eßt den Kuchen!
Später...
Wollt ihr jetzt abwaschen?
Ja. Machen wir schnell! Dann können wir draußen spielen!
OH, NEIN!
Ach ja, meine Freundin macht ein Fest. Ich bringe ihr die Kuchen!

Auf dem Eßtisch

der Teller

das Glas

die Flasche

der Krug

die Tasse

die Schüssel

die Gabel

das Messer

der Löffel

der Teelöffel

Was fehlt?

....

....

....

....

....

....

Wir machen ei

Schreibe, was Monika sagt!

Monika: ....
Stefan: Hallo, Monika, hier ist Stefan.
Monika: ....
Stefan: Danke, gut. Ich hab' eine Überraschung für dich!
Am Samstag hab' ich Geburtstag. Ich will ein Fest machen!

Monika: ....
Stefan: Am Samstag!
Monika: ....
Stefan: Um 16 Uhr, bei mir zu Hause.
Monika: ....

est!

Stefan: Popcorn und viele bunte Häppchen!
Monika: Hmmm, ich mag Häppchen! Also, bis Samstag!
Stefan: Sei pünktlich!

Wir spielen!

Zähle von vierzig bis fünfzig! 1
Singe das Lied vom Kuchen! 2
Welches ist dein Lieblingsfach? 3
Welches Tier hat eine sehr lange Nase? 4
Geh zurück auf Nummer 2! 5
Kann das Nilpferd schwimmen? 6
Welches ist dein Lieblingsfach? 7
Geh zurück auf Nummer 8! 8
Wieviel Uhr ist es? 9
Du bist am Ziel! 10

Zähle von achtzig bis neunzig! 1
Was ist auf dem Eßtisch? 2
enne drei nge zum Trinken!
rbe hat hreibtisch?
Geh zurück auf Nummer 3! 5
Kann der Vogel Strauß fliegen? 6
7 Welches Tier hat einen sehr langen Hals?
Geh zurück auf Nummer 4! 8
Magst du Erdbeeren? 9
Du bist am Ziel! 10

Einheit 7
Eine neue Garage

Hoffentlich passen sie auf!
Später...
?
BRAM!
BAM
CLANG
CRASH
Und jetzt?
Jetzt müssen sie die Garage reparieren!

Mein

Familie

Suchwortspiel

Finde meine Familie im Schema!

C	O	U	S	I	N	E	K	V
K	H	J	C	M	U	O	P	A
I	G	F	O	K	R	F	G	T
P	O	B	U	T	A	N	T	E
S	M	F	S	L	U	Y	H	R
B	A	L	I	B	H	W	I	E
E	B	O	N	K	E	L	L	C
S	C	H	W	E	S	T	E	R
R	M	U	T	T	E	R	B	N

Kommt ein Vogel geflogen

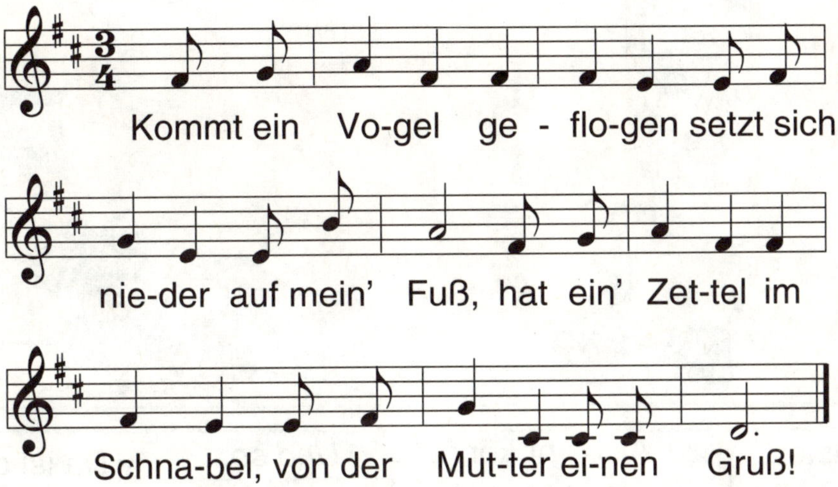

Kommt ein Vogel geflogen,
setzt sich nieder auf mein' Fuß,
hat ein' Zettel im Schnabel,
von der Mutter einen Gruß!

Einheit 8
Fenster putzen

Gib mir den Ball.
Schieß!
SWIISS
Das Fenster ist kaputt!
Oh, nein. Mein Fenster!
CRASH!
Und jetzt?
Keine Sorge!
Jetzt müssen Sie keine Fenster putzen!

Wohin geht das Mädchen?

Zehn Wörter im Bus

Z	K	J	G	W	A	R	T	E	N	M	L
E	H	J	K	U	T	Y	E	D	F	C	V
B	M	L	Y	T	K	A	P	U	T	T	S
R	J	P	H	N	G	F	D	I	O	I	P
A	Y	U	K	J	H	E	A	U	T	O	I
S	V	T	J	H	G	F	D	Y	T	R	E
T	R	Z	O	I	B	N	J	H	S	H	L
R	J	E	K	J	U	N	G	F	A	D	E
E	V	N	K	L	S	J	H	G	U	G	N
I	N	B	G	H	J	Y	T	F	B	M	L
F	M	L	O	F	E	N	S	T	E	R	I
E	N	B	A	L	L	M	P	T	R	N	R
N	B	H	G	R	T	U	G	C	V	D	E

- ☒ Auto →
- ❏ Ball →
- ❏ Bus ↓
- ❏ Fenster →
- ❏ kaputt →
- ❏ putzen ↓
- ❏ sauber ↓
- ❏ spielen ↓
- ❏ warten →
- ❏ Zebrastreifen ↓

Schilder an der richtigen Stelle

Wir machen einen Schlüsselring!

Du brauchst:

So geht es:

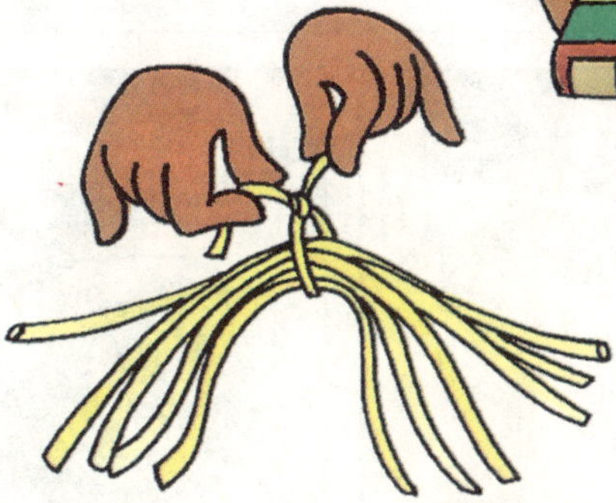

Dein Schlüsselring ist fertig. Ist er nicht schön?

Einheit 9
Verlaufen!

So eine schöne Blume!
Noch später...
Schau mal, ein Eichhörnchen!
Komm her, Eichhörnchen!
Wir müssen zurück. Aber ich weiß den Weg nicht mehr!
Keine Sorge, Petra. Foxi zeigt uns den Weg!

Suchwortspiel

S	P	I	E	L	E	N	H	P	E	E
C	U	B	A	L	L	T	K	A	E	I
H	T	I	E	R	E	W	I	R	S	C
M	A	E	D	C	H	E	N	K	E	H
E	I	S	T	E	I	G	D	N	E	H
T	S	E	S	I	N	G	E	N	H	O
T	F	A	R	B	E	N	R	R	S	E
E	S	C	B	H	W	E	T	T	E	R
R	E	B	A	B	O	G	E	H	E	N
L	H	L	U	A	F	L	U	S	S	C
I	E	U	M	N	E	N	E	R	T	H
N	N	M	A	K	G	J	U	N	G	E
G	R	E	G	E	N	B	O	G	E	N

- ☒ Ball →
- ❑ Bank ↓
- ❑ Baum ↓
- ❑ Blume ↓
- ❑ Eichhörnchen ↓
- ❑ Farben →
- ❑ Fluß →
- ❑ gehen →
- ❑ Junge →
- ❑ Kinder ↓
- ❑ Mädchen →
- ❑ Park ↓
- ❑ Regenbogen →
- ❑ Schmetterling ↓
- ❑ See ↓
- ❑ sehen ↓
- ❑ singen →
- ❑ spielen →
- ❑ Tiere →
- ❑ Weg ↓
- ❑ Wetter →

_ _ _ _ _ _ _ _ _ _ _ _ _ _ _ _

_ _ _ _ _ _ _ _ _ _ _ _ !

Das Wort im Irrgarten

Was sucht das Kaninchen?

Spiele im Park

Verbinde die Punkte von 1 bis 25! Was ist das?

Finde zehn Wörter im Fluß!

Sieh das Bild an und antworte!

- Wieviele Schmetterlinge gibt es?
- Wieviele Bäume gibt es?
- Was machen die Kinder?
- Welche Farben hat der Regenbogen?
- Finde drei Dinge, die mit B anfangen!

Wir machen einen Drachen!

Du brauchst:

So geht es:

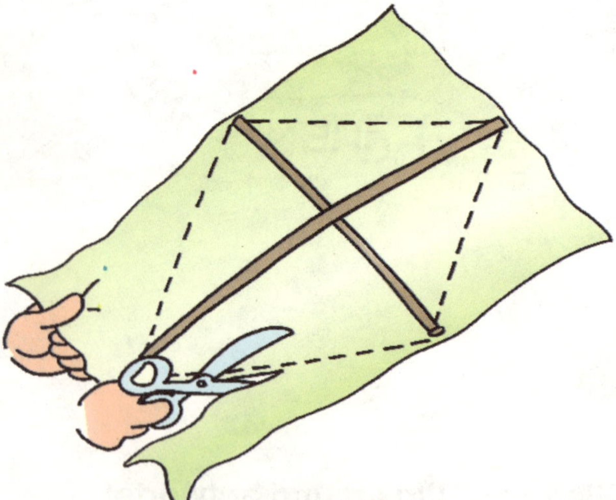

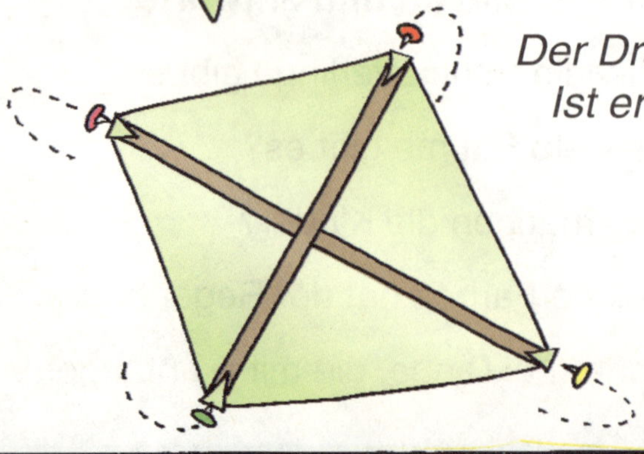

Der Drachen ist fertig.
Ist er nicht schön?

Summm, summ, summ

Summ, summ, summ,
Bienchen summ herum.
Ei, wir tun dir nichts zu Leide,
flieg nur aus in Wald und Heide,
summ, summ, summ,
Bienchen summ herum!

Einheit 10
Ein Dieb

Da ist ein Dieb. Rufen wir die Polizei!
Wer ist das wohl?
DRIINNN
Macht auf!
Guten Tag, Herr Schmidt!
Ah, Michael, du bist das!
Ist er der Dieb?

Was sagen sie?

Ich klettere gerne!

Ich kann Schifahren!

Ich geh' gerne im Schnee spazieren!

Ich kann nicht Schifahren!

Ich sonne mich gerne!

Ich laufe gern Schlittschuh!

Ich mache gerne Schneemänner!

Ich laufe nicht gern Schlittschuh!

Wieviele Wörter siehst du?

Wir machen einen Stempel!

Du brauchst:

So geht es:

Der Stempel ist fertig!
Ist er nicht schön?

Einheit 11
Am Meer

...und wasch diese Flasche.
Igitt!
SUN-OIL
Am Nachmittag...
Jetzt gehen wir nach Hause, Michael!
Du bist schmutzig. Wasch dich im Meer!
Waschen, waschen, waschen.
Deshalb ist das Meer so schmutzig!

Zwei Spiele am Strand

Wir stellen die Eimer in eine Reihe!
Wir nehmen Pappbecher!
Wir laufen zum Meer und füllen sie mit Wasser...
... und füllen damit die Eimer!
DISCO

Noch mehr Spiele am Strand
C - 8
E - 2
F - 4
H - 9
I - 5
N - 1
O - 7
R - 6
S - 3
der Himmel
das Flugzeug
die Wolke
Finde die versteckten Wörter!
das Kanu
STRANDSONNENSCHIRMFELSFLUGZEUG
der Sonnenschirm
der Fels
der Strand

Wieviele Kinder siehst du?

Wieviele Möwen siehst du?

Finde drei Wörter, die mit M anfangen!

Geheimcode

Was sagt der Delphin?
A - 15
B - 14
D - 13
E - 12
H - 11
I - 10
L - 9
M - 8
N - 7
P - 6
R - 5
S - 4
T - 3
U - 2
V - 1
1.10.12.9.
4.6.15.4.4., 2.7.13.
11.15.9.3.12.3.
13.15.4. 8.12.12.5.
4.15.2.14.12.5.!

_ _ _ _   _ _ _ _ _ _,   _ _ _   _ _ _ _ _ _ _

_ _ _   _ _ _ _   _ _ _ _ _ _

Wir machen einen Sonnenhut!

Du brauchst:

So geht es:

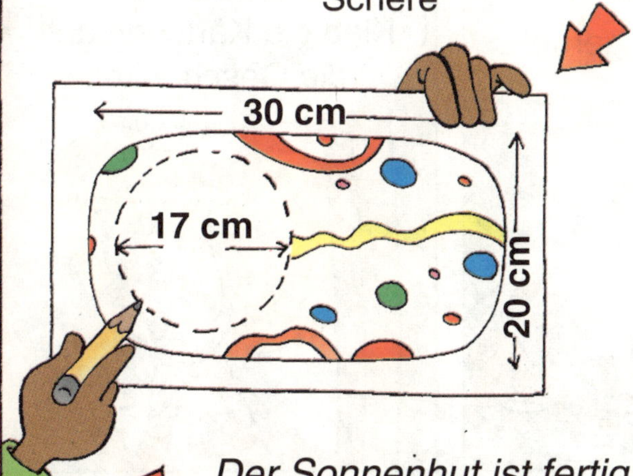

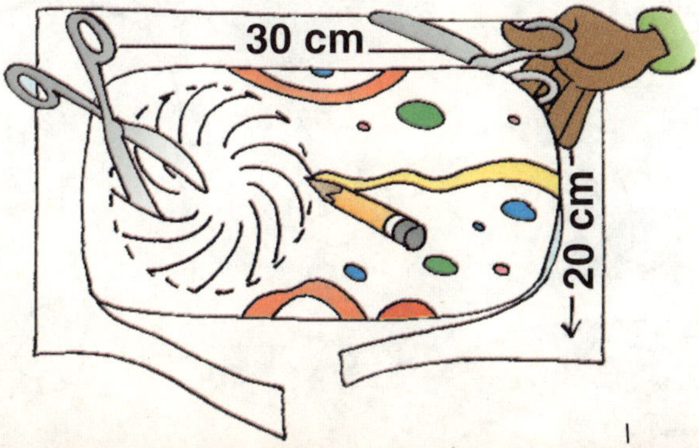

Der Sonnenhut ist fertig.
Ist er nicht schön?

Einheit 12
Weihnachten

Bleib stehen!
Du bist böse!
Michael, Foxi... was macht ihr?!
Keine Sorge...ich klebe die Kärtchen wieder auf die Geschenke!
STRAP
Warte, Michael...
STRIP
STRAP
Eh...die Kärtchen sind auf den richtigen Geschenken!
Wau... wau!

Eine Nachricht für dich!

S	P	A	Z	I	E	R	E	N	G	E	H	E	N
C	K	W	I	N	T	E	R	F	E	R	O	S	B
H	L	H	E	K	E	R	Z	E	S	W	F	T	A
L	E	S	C	H	N	E	E	E	C	I	E	E	U
I	B	H	N	B	O	E	S	E	H	A	R	C	M
T	S	C	H	I	F	A	H	R	E	N	I	H	S
T	T	C	H	B	E	R	G	E	N	T	E	P	C
S	O	E	N	U	N	D	E	I	K	S	N	A	H
C	F	S	I	N	G	E	N	N	E	O	G	L	M
H	F	U	T	H	U	N	D	E	S	N	N	M	U
U	E	K	A	E	R	T	C	H	E	N	U	E	C
H	E	L	F	E	N	E	S	J	A	E	H	R	K

- ☒ Baumschmuck ↓
- ❑ Berge →
- ❑ böse →
- ❑ Ferien ↓
- ❑ Geschenke ↓
- ❑ helfen →
- ❑ Hund →
- ❑ Kärtchen →
- ❑ Kerze →
- ❑ Klebstoff ↓
- ❑ Schifahren →
- ❑ Schlittschuh ↓
- ❑ Schnee →
- ❑ singen →
- ❑ Sonne ↓
- ❑ spazierengehen →
- ❑ Stechpalme ↓
- ❑ Winter →

_ _ _ _ _   _ _ _ _ _ _ _ _ _ _ _ _ _ _ _

_ _ _   _ _ _ _   _ _ _ _ _ _

_ _ _ _ _ _   _ _ _ _ _ !

Schreib einen Brief an den Weihnachtsmann!

....

....

....

....

....

....

....

....

....

....

Wir machen Kärtchen für Geschenke!

Du brauchst:

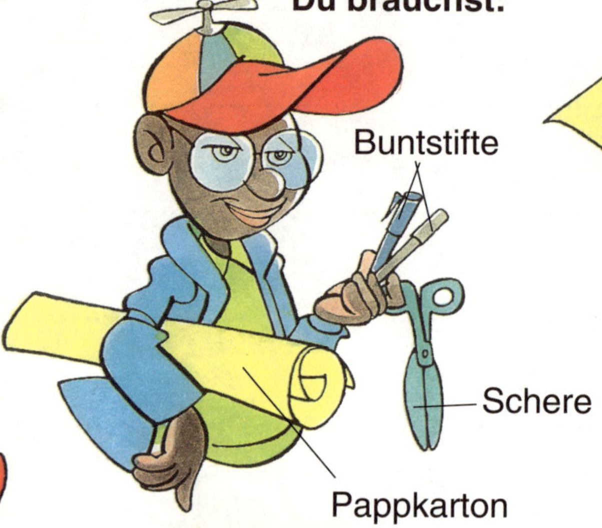

So geht es:

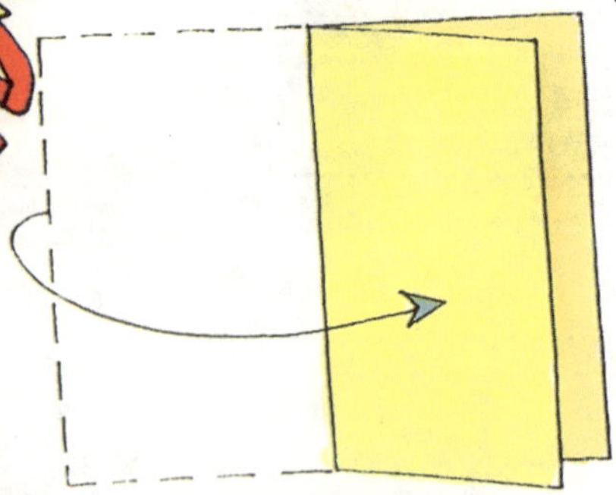

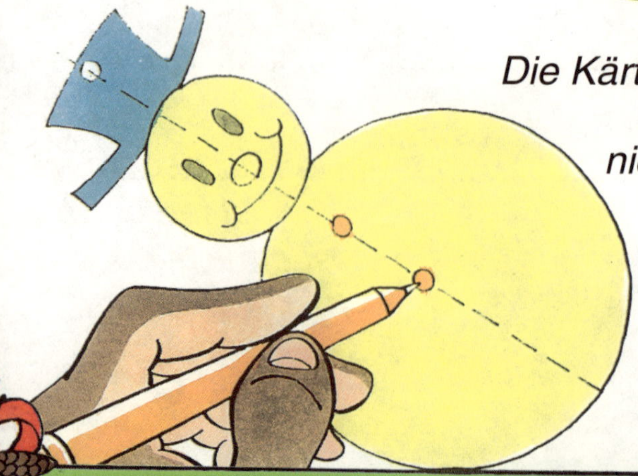

Die Kärtchen sind fertig. Sind sie nicht schön!

Wir machen einen Tischschmuck!

Du brauchst:

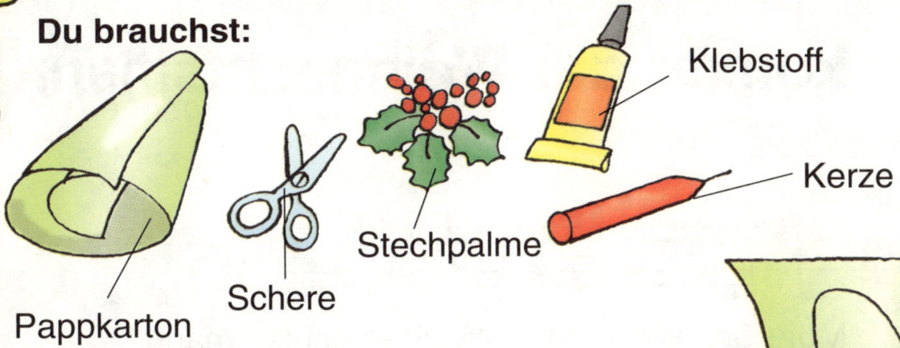

So geht es:

*Der Tischschmuck
ist fertig.
Ist er nicht schön?*

Zwei Weihnachtslieder

Morgen kommt der Weihnachtsmann

Morgen kommt der Weihnachtsmann,
kommt mit seinen Gaben.
Bunte Lichter, Silberzier, Kind mit Krippe, Schaf und Stier,
Zottelbär und Panthertier möcht' ich gerne haben.

O Tannenbaum

O Tannenbaum, o Tannenbaum,
wie grün sind deine Blätter!
Du grünst nicht nur zur Sommerzeit,
nein auch im Winter, wenn es schneit.
O Tannenbaum, o Tannenbaum,
wie grün sind deine Blätter!

Wir spielen!

1 Zähle von achtzig bis siebzig!
2 Hast du einen Bruder?
3 Kannst du Schifahren?
4 Geh zurück auf Nummer 1!
5 Welche Tiere gibt es im Park?
6 Kannst du Schlittschuhlaufen?
7 Magst du das Meer?
8 Geh zurück auf Nummer 5!
9 Sing ein Weihnachtslied!
10 Du bist am Ziel!

Zähle von hundert bis neunzig! 1
Sing das Lied vom Vogel! 2
eschreibe
ine Familie! 3
rück auf
ummer 2!
Magst du die Berge? 5
Sing ein Weihnachtslied! 6
7 Wünsche deinem Freund schöne Weihnachten!
Geh zurück auf Nummer 4! 8
Wie heißt deine Mutter? 9
Du bist am Ziel! 10

Einheit 1

kennt ihr

noch

neue Abenteuer

wißt ihr?

das Fotoalbum

der Hollerbusch

die Adresse

wieder

der Zuname

Einheit 2

der erste

der Hinweis

der Ausverkauf

hör mal

beginnen

wirklich

sicher!

das stimmt

das Lieblingsfach

Zeichnen

Erdkunde

Fremdsprachen

der Behälter

die Streichholzschachtel

der Schreibtisch

Einheit 3

das Spiel

aufräumen

antworte!

finden

die Dinge

der Satz

der Rahmen

das Band

die Muschel

Einheit 4

die Hausaufgaben(pl.)

helfen

die Tierhandlung

der Vogel

fliegen

schwimmen

der Hamster

der Tiger

die Giraffe

der Seehund

der Affe

die Blätter

leben

der Löwe

der Papagei

das Nilpferd

der Vogel Strauß

das Krokodil

die Spur

der König der Tiere

Einheit 5

kochen

zu Hause

du willst

das Omelett

der Kuchen

das Eis

die Pommes frites

der Zucker

probieren

backen

der Bäcker

gerufen

das Schmalz

die Butter

der Safran

gehl=gelb

das Ofenloch

Einheit 6

abwaschen

drinnen

der Obstkuchen

riechen

guten Appetit

nett

nachher

schnell machen

draußen

bringen

einladen

das Häppchen

pünktlich

Einheit 7

reparieren

aufpassen

hoffentlich

der Bruder

der Opa

die Oma

der Vater

die Mutter

der Onkel

die Tante

der Cousin

die Cousine

der Zettel

der Schnabel

Einheit 8

putzen

sauber

rausgehen

aussteigen

der Zebrastreifen

schießen

kaputt

keine Sorge

müssen

das Schild

rauchen

Vorsicht, Hund

parken

verboten

drücken

defekt

der Rasen

betreten

der Schlüsselring

Einheit 9

sich verlaufen

der See

die Blume

der Weg

der Regenbogen

der Schmetterling

der Irrgarten

summen

die Biene

zu Leide tun

Einheit 10

der Dieb

die Berge(pl.)

der Sack

schwer

leichter

das macht Spaß

spazierengehen

die Polizei

macht auf!

Schifahren

der Schlittschuh

sich sonnen

der Schneemann

klettern

der Stempel

Einheit 11

am Meer

bauen

die Sandburg

das Kreuzworträtsel

sich waschen

schmutzig

am Strand

bringen

igitt!

der Eimer

Achtung, fertig, los

der Pappbecher

stellen

die Reihe

füllen

Einheit 12

Weihnachten

der Baumschmuck

kleben

das Geschenk

das Kärtchen

böse

bleib stehen!

der Weihnachtsmann

richtig

die Gaben(pl.)

bunte Lichter(pl.)

die Silberzier

die Krippe

das Schaf

der Zottelbär

der Stier

der Tannenbaum

die Blätter(pl.)

grünen

die Sommerzeit

Cinque copie del presente testo sono state depositate al Ministero della Pubblica Istruzione a all'Assessorato alla Pubblica Istruzione della Regione Sicilia.